VOICI VIOLA DESMOND

Elizabeth MacLeod

Illustrations de
Mike Deas

Texte français de
Louise Binette

SCHOLASTIC

Par une journée froide et pluvieuse de novembre 1946,
Viola Desmond s'apprête à partir en voyage d'affaires. Elle doit
traverser la Nouvelle-Écosse pour aller de Halifax à Sydney.
Viola aurait préféré ne pas prendre le volant sous la pluie.
Mais quand elle a une idée en tête, elle n'abandonne pas.

Viola a grandi dans une famille nombreuse. Elle a dix frères et sœurs! Viola est parmi les plus âgés. Sa sœur aînée, Helen, aime bien faire des gâteaux. Viola, elle, prépare le glaçage. Sa petite sœur Wanda l'aide.

Pour faire vivre sa famille, le père de Viola occupe plusieurs emplois, dont celui de coiffeur. C'est peut-être ce qui poussera Viola à ouvrir un salon de coiffure, une fois adulte.

Les débuts sont difficiles pour Viola. Elle doit s'installer à Montréal pour pouvoir suivre des cours dans une école d'esthétique. Bien qu'elle soit canadienne, aucune école de Halifax ne veut la former à cause de la couleur de sa peau.

De retour chez elle, Viola ouvre son propre salon de coiffure. Sa clientèle se développe rapidement.

Les clientes de Viola adorent se rendre au salon de cette femme brillante, drôle et attentionnée. Ce sont toutes des femmes noires. Celles-ci n'ont pas le droit de fréquenter les salons de coiffure de Halifax où vont les femmes blanches.

Viola enseigne la coiffure dans une école d'esthétique qu'elle a fondée et fabrique aussi des produits capillaires et des poudres pour le visage.

En route vers Sydney, la voiture de Viola émet des bruits inquiétants. La ville de New Glasgow est tout près. Viola s'y rend pour demander de l'aide.

6

Viola aperçoit un cinéma non loin de là. Elle décide d'aller voir un film pendant qu'on répare sa voiture.
Cette décision va changer le cours de l'histoire du Canada.

Viola entre dans la salle et s'assoit au parterre. C'est agréable de se détendre, au chaud et au sec.

Elle s'installe confortablement dans son fauteuil. Le film va bientôt commencer.

Soudain, elle sent un doigt tapoter son épaule.

9

L'ouvreuse avise Viola que son billet est pour le balcon.
Viola ne veut pas s'asseoir au balcon. Elle retourne voir
la caissière et lui demande de nouveau un billet au parterre,
même s'il coûte plus cher.

La caissière n'a rien dit concernant la couleur de peau de Viola. Mais cette dernière a très bien compris ce qu'elle a voulu dire. Viola est furieuse. Quand elle va au cinéma avec son mari à Halifax, les Noirs s'assoient où bon leur semble, comme les Blancs. Viola retourne dans la salle d'un pas décidé et se rassoit.

11

Mais elle est à peine assise que l'ouvreuse revient.

Viola reste assise, car quand elle a une idée en tête, elle n'abandonne pas.

Quelques minutes plus tard, le gérant revient avec un policier.

13

Viola se retrouve en prison. On l'enferme dans une cellule. Une policière ferme la porte dans un grand fracas métallique. Puis elle tourne la clé dans la serrure.

Certains auraient pleuré, mais pas Viola. Elle a des bleus et elle est bouleversée. Malgré tout, elle met ses gants blancs et garde un air digne.

Elle s'assoit sur le lit, le dos bien droit, et reste comme ça toute la nuit, sans fermer l'œil.

Le lendemain matin, on fait sortir Viola de sa cellule pour l'emmener directement au tribunal. Le gérant du cinéma, la caissière, l'ouvreuse et le policier sont là. Personne n'informe Viola qu'elle a droit à un avocat ni qu'elle peut demander un délai pour se préparer. De plus, elle ne sait pas qu'elle peut poser des questions.

Le juge déclare Viola coupable. Elle n'a pas payé le fameux cent de taxe.

Elle écope d'une amende de 26 dollars, ce qui équivaut aujourd'hui à près de 350 dollars.

Personne ne mentionne la couleur de peau de Viola. Pourtant, tous savent bien que c'est le véritable enjeu dans cette affaire.

Viola est en colère lorsqu'elle sort du tribunal.
Sa voiture réparée l'attend au garage. Mais Viola est trop
ébranlée pour conduire jusqu'à Sydney. Elle rentre chez elle.

C'EST INJUSTE!
LES NOIRS NE
DEVRAIENT PAS
ÊTRE TRAITÉS
COMME ÇA.

LE RACISME
EXISTE DEPUIS
LONGTEMPS.

Certaines amies lui disent d'engager un avocat pour
se défendre. Elles pensent que Viola pourrait contribuer
à faire changer les choses pour les Noirs du Canada.

D'autres suggèrent à Viola de faire comme si rien ne s'était passé. Même son mari lui conseille d'accepter le fait que les Noirs seront toujours traités injustement.

L'une des clientes de Viola, Carrie Best, dirige un journal, *The Clarion*. C'est le premier journal de Nouvelle-Écosse appartenant à des Noirs.

Après la publication d'articles racontant ce qui est arrivé à Viola, de plus en plus de gens trouvent qu'elle a été traitée injustement.

Viola décide de porter sa cause devant la Cour suprême de la Nouvelle-Écosse. La Nova Scotia Association for the Advancement of Coloured People (l'association de la Nouvelle-Écosse pour l'avancement des gens de couleur) accepte d'aider Viola.

Une collecte est organisée pour payer un avocat. Beaucoup de personnes, tant des Noirs que des Blancs, donnent de l'argent pour aider Viola.

Viola est inquiète à l'idée de se retrouver au tribunal, mais elle est déterminée. Et cette fois, elle n'est pas seule. Son avocat et Carrie Best l'accompagnent.

Cependant, les juges de la Cour suprême refusent d'entendre la cause de Viola. Ils disent qu'elle a attendu trop longtemps pour faire appel.

Cette fois encore, pas un mot sur la couleur de peau de Viola. Pourtant, tous savent que c'est bien de cela qu'il s'agit.

L'un des juges insinue même que l'affaire n'a pas de lien avec le cent de taxe. Il laisse entendre qu'il s'agit plutôt de séparer les Noirs des Blancs.

Viola sait qu'elle a été traitée injustement à cause de la couleur de sa peau. Elle n'a pas gagné sa cause au tribunal, mais l'association qui l'a soutenue continue d'œuvrer pour la justice. D'autres poursuivent aussi la lutte, comme Carrie Best avec son journal.

Quelques années plus tard, Viola déménage à Montréal où elle suit un cours de commerce. Puis elle s'installe à New York où son travail consiste à aider chanteurs et acteurs à décrocher des contrats. Viola y décède en 1965.

Mais son histoire ne se termine pas là.

ET VIOLA A DIT AU GÉRANT : « JE NE BOUGERAI PAS D'ICI. » IL A FALLU DEUX HOMMES GRANDS ET FORTS POUR LA TRAÎNER DEHORS!

Quand Viola a dû passer la nuit en prison, sa petite sœur Wanda a eu honte.

Cependant, bien des années plus tard, Wanda a compris le geste de Viola et depuis, elle en est très fière. Elle se réjouit que sa sœur ait défendu les Noirs du Canada.

Wanda commence à raconter l'histoire de Viola. Elle parle aux enfants dans les écoles. Elle prend la parole dans les universités. Elle accorde des entrevues à des journalistes.

En apprenant ce qui est arrivé à Viola, les gens déclarent que c'est injuste.

En 2010, le premier ministre de la Nouvelle-Écosse, Darrel Dexter, présente ses excuses à Viola et à tous les Noirs de la province.

Il innocente Viola et affirme qu'elle n'est coupable d'aucun crime. Il ajoute qu'elle n'a pas été traitée équitablement.

Viola est la première Canadienne à recevoir un pardon absolu après sa mort.

Lorsqu'elle apprend que Viola figurera sur le billet canadien de dix dollars, Wanda est très fière.

Viola a voulu rendre la vie des Noirs du Canada meilleure et plus juste. Et elle a réussi.

En effet, quand Viola a une idée en tête, elle n'abandonne pas!

La vie de Viola Desmond

6 juillet 1914	Viola Irene Davis naît à Halifax, en Nouvelle-Écosse.
Années 1930	Viola étudie l'esthétique à Montréal, à Atlantic City (New Jersey) et à New York.
1936	Viola épouse Jack Desmond.
1937	Viola ouvre son propre salon de coiffure à Halifax. Il s'appelle Vi's Studio of Beauty Culture.

VIOLA DANS SON SALON DE COIFFURE À HALIFAX

VIOLA (À DROITE) ET SA SŒUR WANDA

8 novembre 1946	Viola est arrêtée au cinéma Roseland, à New Glasgow, en Nouvelle-Écosse.
9 novembre 1946	Viola est reconnue coupable de ne pas avoir payé un cent de taxe à la province de la Nouvelle-Écosse.

20 janvier 1947	La Cour suprême de la Nouvelle-Écosse refuse d'entendre la cause de Viola.
Fin des années 1940	Viola déménage à Montréal.
Années 1950	Viola déménage à New York.
7 février 1965	Viola décède à New York.
15 avril 2010	On accorde un pardon absolu à Viola.
1er février 2012	Viola figure sur un timbre canadien.
15 novembre 2017	Viola reçoit une étoile sur l'Allée des célébrités canadiennes de Toronto.
Automne 2018	Viola apparaît sur le billet canadien de dix dollars. C'est la première Canadienne représentée seule au recto d'un billet de banque.

CE TIMBRE A ÉTÉ ÉMIS POUR LE MOIS DE L'HISTOIRE DES NOIRS, EN 2012.

WANDA (À GAUCHE) EST FIÈRE QUE LA LIEUTENANTE-GOUVERNEURE, MAYANN FRANCIS, SIGNE LE PARDON ABSOLU DE VIOLA.

À ma petite nièce et à mon petit neveu, Madeline et Gregory Sumner, avec beaucoup d'amour. J'espère que la justice et l'équité seront toujours présentes dans vos vies.

— E.M.

Pour Annie et Faye.

— M.D.

Tous mes remerciements à Erin O'Connor, éditrice, pour son travail assidu et à toute l'équipe de Scholastic. Je remercie aussi mes frères, John et Douglas, ainsi que Paul pour son soutien au cours de tous mes combats.

— E.M.

Les illustrations ont été réalisées avec des outils traditionnels et numériques.
Les esquisses ont été créées à l'aide d'une tablette graphique Wacom et de Photoshop.
Elles ont ensuite été imprimées, puis décalquées sur du papier aquarelle 140 lb.
Les couleurs et textures ont été faites à la gouache et à l'aquarelle.
Les contours noirs ont été ajoutés à l'encre, pour terminer.

Catalogage avant publication de Bibliothèque et Archives Canada

MacLeod, Elizabeth
[Meet Viola Desmond. Français]
    Voici Viola Desmond / Elizabeth MacLeod ; illustrations de Mike Deas ; traduction de Louise Binette.

(Biographie en images)
Traduction de: Meet Viola Desmond.
ISBN 978-1-4431-3329-6 (couverture souple).--ISBN 978-1-4431-6388-0 (couverture rigide)

    1. Desmond, Viola, 1914-1965--Ouvrages pour la jeunesse. 2. Discrimination raciale--Nouvelle-Écosse--Histoire--Ouvrages pour la jeunesse. 3. Droits de l'homme--Nouvelle-Écosse--Histoire--Ouvrages pour la jeunesse. 4. Noirs--Nouvelle-Écosse--Biographies--Ouvrages pour la jeunesse. 1. Biographies. I. Deas, Mike, 1982-, illustrateur II. Titre. III. Titre: Meet Viola Desmond. Français

FC2346.26.D48M3414 2018   j971.6'004960092   C2017-907352-4

Édition publiée par les Éditions Scholastic, 604, rue King Ouest, Toronto (Ontario) M5V 1E1 Canada.

5 4 3 2 1   Imprimé en Malaisie 108   18 19 20 21 22